孩子读得懂的古文观止

宋明理想

（清）吴楚材 ◎ 编选
（清）吴调侯 ◎ 编选
洋洋兔 ◎ 编绘

北京理工大学出版社
BEIJING INSTITUTE OF TECHNOLOGY PRESS

版权专有　侵权必究

图书在版编目（CIP）数据

孩子读得懂的古文观止：全6册/（清）吴楚材，（清）吴调侯编选；洋洋兔编绘. -- 北京：北京理工大学出版社，2024.3
ISBN 978-7-5763-3506-4

Ⅰ. ①孩… Ⅱ. ①吴… ②吴… ③洋… Ⅲ. ①《古文观止》- 儿童读物 Ⅳ. ① H194.1

中国国家版本馆 CIP 数据核字 (2024) 第 044822 号

责任编辑：张　萌　　李慧智	责任印制：王美丽
责任校对：刘亚男	文字编辑：申玉琴

出版发行 / 北京理工大学出版社有限责任公司
社　　址 / 北京市丰台区四合庄路 6 号
邮　　编 / 100070
电　　话 /（010）82563891（童书出版中心售后服务热线）
网　　址 / http://www.bitpress.com.cn

版 印 次 / 2024 年 3 月第 1 版第 1 次印刷
印　　刷 / 朗翔印刷（天津）有限公司
开　　本 / 880mm × 1230mm　1/32
印　　张 / 18
字　　数 / 780 千字
定　　价 / 198.00 元（全 6 册）

图书出现印装质量问题，请拨打售后服务热线，本社负责调换

目录

4	超然台记
11	石钟山记
17	前赤壁赋
26	后赤壁赋
32	方山子传
39	黄州快哉亭记
45	读孟尝君传
48	游褒禅山记
55	阅江楼记
62	卖柑者言
68	报刘一丈书
76	沧浪亭记
82	蔺相如完璧归赵论
87	徐文长传

超然台记

▫ 有容乃大，无欲则刚

出处　《苏东坡全集》
作者　苏轼
创作年代　宋
坐标　《古文观止》卷十一

助学小贴士

王安石开始变法后，苏轼因为与王安石政见不合，想着眼不见心不烦，就主动请求到杭州做三年官。三年任期满后，他为了有机会和在济南做官的弟弟苏辙相见，就又主动请求调任山东密州。从江南鱼米水乡来到满眼荒凉偏僻之野，又赶上旱蝗成灾、饥民遍野、盗匪横行，苏轼的心理落差可想而知。但他并没有消极怠工，而是雷厉风行地投入了抗蝗救灾、平叛匪盗的工作中，并且仅仅用了一年，就力挽狂澜扭转了当地局势。也正是在密州的这段时间，苏轼重读《老子》，思想认识上发生了微妙的转变，旷达超然成了他重要的文化性格。

朗读原文

凡物皆有可观。苟有可观,皆有可乐,非必怪奇伟丽者也。铺(bū)糟啜醨(chuò lí),皆可以醉,果蔬草木,皆可以饱。推此类也,吾安往而不乐?

实时翻译

任何事物都有可欣赏的地方。只要有可观之处,那么就都能给人带来快乐,不一定非要新奇另类、雄伟瑰丽。吃酒糟喝薄酒,都可以让人酒醉;水果蔬菜甚至草根树皮,都能拿来充饥。如此看来,我到哪儿还会不快乐呢?

朗读原文

夫所为求福而辞祸者，以福可喜而祸可悲也。人之所欲无穷，而物之可以足吾欲者有尽。美恶之辨战于中，而去取之择交乎前，则可乐者常少，而可悲者常多，是谓求祸而辞福。夫求祸而辞福，岂人之情也哉？物有以盖之矣。彼游于物之内，而不游于物之外。物非有大小也，自其内而观之，未有不高且大者也。彼挟其高大以临我，则我常眩乱反复，如隙中之观斗，又乌知胜负之所在？是以美恶横生而忧乐出焉，可不大哀乎？

实时翻译

人们之所以都爱追求幸福而避开灾祸，是因为人们都认为幸福让人欢喜，而灾祸让人悲伤。然而，人的欲望无穷无尽，能满足欲望的事物却是有限的。如果总是在心里比较着事物的好坏，总是在事物的取舍之间纠结挣扎，那么快乐就会很少，而悲哀就会很多了。这就是所谓的求祸而避福。求祸避福，怎么可能是人们的初衷呢？这是物欲蒙蔽人心才造成的啊！这些人陷入了物欲之中，而不能做到超脱于物欲之外。事物本来没有大小轻重之别，如果人陷于物欲之中，那么在他看来，就没有一件东西不是高大的了。当众多既高又大的事物居高临下地挤在我们面前时，我们就会眼花缭乱、取舍不定了，这就像在门缝中看人打架看不到全貌，怎么可能知道谁胜谁负呢？因此，一旦人的心中生出了好与坏的区别，忧愁与快乐也就由此而生。这不让人感到莫大悲哀吗？

朗读原文

予自钱塘移守胶西,释舟楫之安而服车马之劳,去雕墙之美而庇采椽之居,背湖山之观而行桑麻之野。始至之日,岁比不登,盗贼满野,狱讼充斥,而斋厨索然,日食杞菊,人固疑予之不乐也。处之期年而貌加丰,发之白者日以反黑。予既乐其风俗之淳,而其吏民亦安予之拙也。于是治其园圃,洁其庭宇,伐安丘、高密之木,以修补破败,为苟完之计。而园之北,因城以为台者旧矣,稍葺而新之。时相与登览,放意肆志焉。南望马耳、常山,出没隐见,若近若远,庶几有隐君子乎?而其东则庐山,秦人卢敖之所从遁也。西望穆陵,隐然如城郭,师尚父、齐威公之遗烈犹有存者。北俯潍水,慨然太息,思淮阴之功,而吊其不终。台高而安,深而明,夏凉而冬温,雨雪之朝,风月之夕,予未尝不在,客未尝不从。撷园蔬,取池鱼,酿秫酒,瀹脱粟而食之,曰:"乐哉!游乎!"

实时翻译

我从浙江杭州调任山东密州做知州,放弃了乘船出行的舒适却承受骑马坐车的劳顿,离开了雕梁画栋的豪宅而栖身在简陋的屋舍,远离了湖光山色的美景而来到这桑麻丛生的荒野。刚来的时候,正赶上连年收成不好,盗贼四起,案件繁多,厨房里没有什么吃的,每天只能以野菜充饥。人们一定都怀疑我过得并不快乐。可在这儿住了一年后,我不但变胖了,就连白头发也一天天变黑。我喜欢这里人民的风俗淳朴,这里的官吏百姓也不计较我的愚拙。于是，我修整了田园菜圃，打扫了庭院屋宇，从安丘、高密两地砍伐了木材，用来修补破败之处，只做简单修缮的打算。在园圃的北边，原本靠着城墙筑起的高台已经很破旧了，我也稍加整修，又让它焕然一新。我常常和友人一起登台观览，在那里无所顾忌地放纵心情。站在台上向南望，马耳山、常山时隐时现，有时好像很近有时又好像很远，也许有隐士住在那里吧？东面的庐山，就是秦人卢敖隐居的地方。向西望，可以看到穆陵关隐隐约约像一座城池，姜太公、齐桓公创造的赫赫功业，尚有遗迹留存。向北俯视潍水，我常不禁感慨叹息，因为我总是想起淮阴侯韩信生前战功赫赫到最后却未得善终。这座台虽然高但很稳固，宽大而明亮，冬暖夏凉。不管是落雨飞雪的早晨，还是月明风清的夜晚，我都会登台而憩，朋友们也总是陪我一起。我们采摘园圃里的蔬菜，捞取池塘里的鲜鱼，酿黄米酒，煮糙米饭，大家边吃边赞叹："游于此台，何等快乐啊！"

朗读原文

方是时，予弟子由适在济南，闻而赋之，且名其台曰"超然"。以见予之无所往而不乐者，盖游于物之外也。

实时翻译

这个时候，我的弟弟苏辙正在济南做官，听说了这座台就为此写了一篇文章，并且给这座台取名"超然"。起这个名字，正是为了说明我之所以到哪儿都能过得快乐，原因就在于我能超然物外啊！

思维导图

助学小贴士

苏轼到山东密州原本是为了兄弟团聚,可是调任三年后,他仍没能如愿见到自己的弟弟,所以在那一年的中秋节写下了流传千古的《水调歌头·明月几时有》:

丙辰中秋,欢饮达旦,大醉,作此篇,兼怀子由。

明月几时有?把酒问青天。不知天上宫阙,今夕是何年。我欲乘风归去,又恐琼楼玉宇,高处不胜寒。起舞弄清影,何似在人间。

转朱阁,低绮户,照无眠。不应有恨,何事长向别时圆?人有悲欢离合,月有阴晴圆缺,此事古难全。但愿人长久,千里共婵娟。

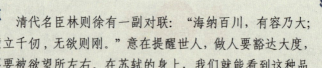
多思考一点 清代名臣林则徐有一副对联:"海纳百川,有容乃大;壁立千仞,无欲则刚。"意在提醒世人,做人要豁达大度,不要被欲望所左右。在苏轼的身上,我们就能看到这种品质的光辉,也能感受到苏轼的人生之乐。想要快乐常在身边,有时其实很简单。

石钟山记

▫ 尽信书不如无书

出处　《苏东坡全集》
作者　苏轼
创作年代　宋
坐标　《古文观止》卷十一；高三语文选择性必修下册

　　《石钟山记》是苏轼游览石钟山后写出的一篇考察性游记。宋神宗元丰七年（1084年），苏轼平级调动，由黄州团练副使调任汝州团练副使。这时，刚巧他的大儿子苏迈刚刚参加工作，要到饶州德兴县任县尉，于是父子二人就一道同行。途经湖口时，为了辨明石钟山的命名由来，二人共同进行了一项科学考察活动，考察完就写了这篇考察报告，意在强调要正确判断一件事物，必须要深入实际，认真调查。

朗读原文

《水经》云:"彭蠡之口有石钟山焉。"郦元以为下临深潭,微风鼓浪,水石相搏,声如洪钟。**是**说也,人常疑之。今以钟磬(qìng)置水中,**虽**大风浪不能鸣也,而况石乎!至唐李渤始访其遗踪,得双石于潭上,扣而聆之,南声函胡,北音清越,**桴**(fú)止响腾,余韵徐歇。自以为得之矣。然是说也,余**尤**疑之。石之**铿**(kēng)然有声者,所在皆是也,而此独以钟名,何哉?

实时翻译

《水经》上说:"鄱阳湖的湖口处有一座石钟山。"北魏学者郦道元认为,这座山之所以叫石钟山,是因为它紧挨着一个深潭,风吹动潭水形成波浪拍打石头,会发出如钟鸣一般的声音。人们常常怀疑**这个**说法的正确性。现在把钟磬放在水里,**即使**风浪再大钟磬也不会发出声响,更何况石头呢!到了唐代,一个叫李渤的人才再度按照郦道元所说的访求石钟山的所在。他在深潭边找到了两块石头,分别敲击它们,听它们的声音;南边那块石头发出的声音低沉而模糊,北边那块石头发出的声音清脆而响亮,**鼓槌**停止敲击后,声音还会继续鸣响,然后才慢慢消失。他自认为这就是石钟山命名的根据。但是对这个说法,我**更加**感到怀疑。敲起来能发出声响的石头到处都有,为什么只有这座山用"钟"来命名呢?

朗读原文

元丰七年六月丁丑，余自齐安舟行适临汝，而长子迈将赴饶之德兴尉，送之至湖口，因得观所谓石钟者。寺僧使小童持斧，于乱石间择其一二扣之，硿硿焉。余固笑而不信也。至其夜月明，独与迈乘小舟，至绝壁下。大石侧立千尺，如猛兽奇鬼，森然欲搏人；而山上栖鹘，闻人声亦惊起，磔磔云霄间；又有若老人咳且笑于山谷中者，或曰此鹳鹤也。余方心动欲还，而大声发于水上，噌吰如钟鼓不绝。舟人大恐。徐而察之，则山下皆石穴罅，不知其浅深，微波入焉，涵澹澎湃而为此也。舟回至两山间，将入港口，有大石当中流，可坐百人，空中而多窍，与风水相吞吐，有窾坎镗鞳之声，与向之噌吰者相应，如乐作焉。因笑谓迈曰："汝识之乎？噌吰者，周景王之无射也；窾坎镗鞳者，魏庄子之歌钟也。古之人不余欺也！"

实时翻译

元丰七年（1084年）六月初九，我坐船从齐安到临汝，我的大儿子苏迈刚好要去饶州德兴县就任县尉，我就送他到了湖口，因而上了石钟山，看到了传说中的"石钟"。山寺中的一位和尚让一个小童拿着斧头在乱石中选一两块敲打，发出了硿硿的声响。我只是笑了笑，并不相信这种说法。那天晚上，月光明亮，我就和苏迈坐着小船来到了绝壁下面。巨大的岩壁倾斜地耸立着，高达千尺，好像凶猛的野兽、奇异的鬼怪，让人感觉阴森森的，好像要压过来把人扑倒。山上栖息的鹘鸟，听到人声也受惊飞了起来，在云霄间发出磔磔的叫声。这时又有一种像老人在山谷中边咳边笑的声音响了起来，有人说这是鹳鹤的鸣叫。我正心里害

怕想要回去，忽然一股巨大的声音从水上传来，声音洪亮如敲钟击鼓，噌吰噌吰响个不停。船夫也十分害怕了。我慢慢地探身观察，这才发现，山水相接的地方都是石穴和**石缝**，也不知道有多深，小小的水波涌进石穴、石缝里，水波涌动激荡空气，因而发出了噌吰之声。我们启程返回，船行到两山之间、将要到达**分流处**时，我看到河道中间有块大石头突出水面，可以坐得下百十来个人，大石已被流水冲刷得千疮百孔，快被掏空了。空气和水在这些孔窍里进进出出，于是就发出了窾坎镗鞳的声音，和先前的噌吰之声相互应和，就好像演奏音乐一般。于是我笑着对苏迈说："你知道吗？那噌吰的响声，是周景王无射钟的声音；这窾坎镗鞳的响声，是魏庄子编钟的声音。看来古人并没有欺骗我们啊！"

朗读原文

事不目见耳闻,而臆断其有无,可乎?郦元之所见闻,殆(dài)与余同,而言之不详;士大夫终不肯以小舟夜泊绝壁之下,故莫能知;而渔工水师虽知而不能言。此世所以不传也。而陋者乃以斧斤考击而求之,自以为得其实。余是以记之,盖叹郦元之简,而笑李渤之陋也。

实时翻译

凡事不靠亲眼所见、亲耳所闻,而只凭主观臆断去判定,可以吗?郦道元看到的、听到的大致上应该和我相同,但他描述得不详细;士大夫们毕竟不愿坐着小船大半夜地停在悬崖绝壁下考察,所以没人知道真相;渔人和船夫虽然知道这里有钟鸣般的水声,却不能著书立说来阐明这就是石钟山命名的原因。这些就是石钟山得名由来失传的原因了。而有些浅陋之人居然用斧头敲打石头来探求,还自以为找到了真相。因此我写了这篇文章,既叹惜郦道元的简略,也嘲笑李渤的浅陋。

思维导图

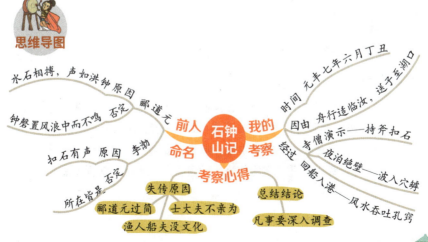

讲个故事

苏轼在文章中主张凡事要深入调查，在为官主政的时候同样身体力行。有一年，他在颍州做官，正赶上朝廷下旨要在当地开挖一条八丈沟，以解决开封地区的水患。苏轼刚刚上任就接到了这么重要的工程，自然不敢怠慢。但他并没有按着圣旨马上开工，而是马不停蹄地在淮河沿岸实地勘察，并召集颍州的官员开会研讨方案的可行性。他发现，颍州地势低洼，淮河泄洪能力有限，这条水渠建成后不但不能解决黄河的水患，还有可能引起淮河的倒灌，造成颍州水患。在苏轼的坚持下，这条劳民伤财的水渠最终没有开工，为颍州的人民减轻了负担。苏轼根据自己调查的结果，组织人在颍州外的清河上修建了三座堤坝，又引了一条清沟，修建了一座小水库。这样一来，不仅可以实现蓄洪、泄洪的目的，还可以浇灌沿岸的农田，可谓一举多得。

多思考一点

古人早就说过，"尽信书不如无书"，意思就是不要盲目相信书中所说的内容，而应该加以考察鉴别，要亲眼所见、亲耳所闻才可靠。现在我们又知道，眼见不一定为实，还要学会透过现象看本质。所以，要对一件事物做出正确的判断、给出可靠的结论，必须要深入实际，认真调查。

前赤壁赋

> 人不能两次踏进同一条河流

出处 《苏东坡全集》
作者 苏轼
创作年代 宋
坐标 《古文观止》卷十一；高一语文必修上册

助学小贴士

　　苏轼人生中背的最大黑锅莫过于"乌台诗案"。案发后他被捕入狱，惨遭折磨，后经多方营救，最终被贬为黄州团练副使，并在一定程度上被限制了人身自由，过着一种"半犯人"式的生活。《前赤壁赋》就是在这个时期写出的作品。然而，即便是在这样的人生低谷，苏轼在《前赤壁赋》中传达的仍是一种乐观豁达的精神，这怎能让人不为他发出由衷的赞叹？

朗读原文

壬戌之秋,七月既望,苏子与客泛舟游于赤壁之下。清风徐来,水波不兴。举酒属客,诵明月之诗,歌窈窕之章。少焉,月出于东山之上,徘徊于斗牛之间。白露横江,水光接天。纵一苇之所如,凌万顷之茫然。浩浩乎如冯虚御风,而不知其所止;飘飘乎如遗世独立,羽化而登仙。

实时翻译

壬戌年(元丰五年,1082年)秋,七月十六日,我与友人在赤壁下的江面上泛舟游赏。清风缓缓拂来,吹不起一丝波澜。我举杯向同伴敬酒,吟诵起《月出》首章"月出皎兮,佼人僚兮。舒窈纠兮,劳心悄兮"。不一会儿,一轮明月果然从东山升起,停留在斗宿与牛宿之间。白茫茫的水汽升腾在江面,一平如镜的水光延伸开去直到与天际相连。我们任凭如一支孤苇的小船在苍茫万顷的江面上自在漂荡,就像乘风在无边无际的虚空中飞翔,不知道要漂荡到哪儿,又像飘飘然远离了尘世,超然独存,化身为仙而升入了仙境。

朗读原文

于是饮酒乐甚,扣舷而歌之。歌曰:"桂棹(zhào)兮兰桨,击空明兮溯(sù)流光。渺渺兮予怀,望美人兮天一方。"客有吹洞箫者,倚歌而和之。其声呜呜然,如怨如慕,如泣如诉,余音袅(niǎo)袅,不绝如缕。舞幽壑(hè)之潜蛟,泣孤舟之嫠(lí)妇。

实时翻译

这时候我喝得起兴,用手拍着船舷打起拍子唱起了歌。歌是这么唱的:"桂木做船棹啊兰木做船桨,拍击着空明的波光逆流而上,我的心飞向远方,想望一望那远在天涯的美娇娘。"有个客人跟着歌声的节奏吹起了洞箫,为我伴和。洞箫呜呜咽咽,像是在哀怨又像是在思念,像在哭泣又像在低诉,余音婉转悠长,犹如轻柔的细丝摇曳在空中。这声音能使深渊中潜藏的蛟龙起舞,能使孤舟上的寡妇伤心落泪。

朗读原文

苏子愀(qiǎo)然，正襟危坐而问客曰："何为其然也？"客曰："'月明星稀，乌鹊南飞'，此非曹孟德之诗乎？西望夏口，东望武昌，山川相缪(liáo)，郁乎苍苍，此非孟德之困于周郎者乎？方其破荆州，下江陵，顺流而东也，舳舻(zhú lú)千里，旌旗蔽空，酾(shī)酒临江，横槊(shuò)赋诗，固一世之雄也，而今安在哉？况吾与子渔樵(qiáo)于江渚(zhǔ)之上，侣鱼虾而友麋(mí)鹿，驾一叶之扁舟，举匏樽(páo zūn)以相属。寄蜉蝣(fú yóu)于天地，渺沧海之一粟。哀吾生之须臾(yú)，羡长江之无穷。挟飞仙以遨游，抱明月而长终。知不可乎骤得，托遗响于悲风。"

实时翻译

我听了脸色为之一变，整好衣襟坐直了身子，问客人："这箫声为什么如此哀怨？"客人回答："'月明星稀，乌鹊南飞'这不是曹公孟德的诗吗？此处向西可以遥望夏口，向东可以远眺武昌，山河相互环绕，郁郁苍苍，不正是曹孟德被周瑜打败的地方吗？曹操攻陷荆州、直取江陵、沿长江顺流东下时，战船相接延绵千里，旌旗招摇遮蔽天空，他临江而豪饮，横槊而吟诗，委实是一代枭雄，可今天他在哪里呢？一代枭雄尚且如此，何况你我这样整日在江上沙洲捕鱼砍柴，与鱼虾作伴、与麋鹿为友，现在驾着这一叶小舟举杯互饮的两个小人物呢？同天地相比，我们就像生命短暂的蜉蝣，与广阔的世界相比，我们就像沧海中的一颗粟米。我哀叹我们的人生只有匆匆片刻，我羡慕长江的流水永远滔滔不绝。我希望与仙人携手一起遨游宇宙，与明月相拥而永世长存。但我又知道这些不可能成为现实，只好把自己哀怨的箫声托寄在悲凉的秋风中。"

朗读原文

苏子曰:"客亦知夫水与月乎?逝者如斯,而未尝往也;盈虚者如彼,而卒莫消长也。盖将自其变者而观之,则天地曾不能以一瞬;自其不变者而观之,则物与我皆无尽也,而又何羡乎!**且夫**天地之间,物各有主,苟非吾之所有,虽一毫而莫取。惟江上之清风,与山间之明月,耳得之而为声,目遇之而成色,取之无禁,用之不竭,是造物者之无尽藏也,而吾与子之所共适。"

实时翻译

我说:"你了解江水与明月吗?江水不停流逝,但长江还是那个长江,也可以说江水从未流走过;月亮时圆时缺,但并没有真正地增加或减少过。从变化的角度来看,天地万物没有一瞬间不在发生变化;从不变的角度来看,万物和我们人类同样永恒不变,又有什么可羡慕呢?**况且**天地之间,凡物各有自己的归属,若不是自己应该拥有的,即便一分一毫也不能取用。只有江上的清风和山间的明月,我们听到便是悦耳的声音,看到便是美丽的风景,取用无人禁止,享用不会枯竭。这是造物者的无尽宝藏,你和我可以尽情一起共享。"

朗读原文

客喜而笑，洗盏更酌。肴核既尽，杯盘狼籍。**相与**枕藉乎舟中，不知东方之既白。

实时翻译

客人高兴地笑了，清洗杯盏重斟再饮。菜肴和果品都吃完后，桌子上的杯碟已一片凌乱。大家在船里**互相**枕靠着睡着了，不知不觉天边已经显出白色。

思维导图

讲个故事

元丰二年（1079年），苏轼任湖州知州。按说过了四十不惑的年纪，又身处官场已久，一般人应该已经被现实打磨得老到圆滑，考虑问题也比较周全了，可苏东坡不是一般人，依旧直言直语、直来直去。他在地方看到了王安石变法造成的诸多流弊，就上《湖州谢上表》反映问题，反对变法。而在当时，王安石已被第二次罢相，变法事业的"大 boss"已经是宋神宗本人。反对变法，就是反对宋神宗啊。这下子苏轼被某些小人抓住了把柄，他们翻箱倒柜读苏轼，就为了从他已出版的作品中找出"他们认为"对皇帝和朝廷不敬的言辞——妥妥的文字狱啊！这就是历史上著名的"乌台诗案"。

多思考一点

古希腊哲学家赫拉克利特说："人不能两次踏进同一条河流。"苏轼说："天地曾不能以一瞬。"这两句话有异曲同工之妙。他们都说对了同一件事：宇宙中万事万物都是永不停息地运动着的，没有绝对静止的物体。平时我们说某个物体静止，那都是相对某个参照物而言，其实它一直在运动。

后赤壁赋

▫ 冬夜攀岩游记

出处　《苏东坡全集》
作者　苏轼
创作年代　宋
坐标　《古文观止》卷十一

助学小贴士

　　历代文人学者都把《前赤壁赋》与《后赤壁赋》看作姊妹篇——意思指同一作者写的具有内在关联的多篇作品，这些作品往往在表现形式、中心思想、艺术特点等方面有一定相似性。《前赤壁赋》与《后赤壁赋》都是苏轼所写，前后时间相距不过几个月，又都是以游览赤壁为主题，同样是赋体，这些都是它们的相似之处。但是两者也有明显的不同之处，你可以试着找找都有哪些不同吗？

朗读原文

　　是岁十月之望,步自雪堂,将归于临皋。二客从予,过黄泥之坂。霜露既降,木叶尽脱,人影在地,仰见明月。顾而乐之,行歌相答。

　　已而叹曰:"有客无酒,有酒无肴。月白风清,如此良夜何!"客曰:"今者薄暮,举网得鱼,巨口细鳞,状如松江之鲈。顾安所得酒乎?"归而谋诸妇。妇曰:"我有斗酒,藏之久矣,以待子不时之需。"

实时翻译

　　这一年的十月十五日,我从雪堂出发,准备步行回旧居临皋亭,有两位友人跟我一起。路过黄泥坂的时候,四下里一派初冬的清明景象——霜露已降,树叶全都凋零,我们仨的身影照在地上,抬头就能看见一轮明月。我和朋友们看在眼里都觉得心情舒畅,于是一边走一边唱起了歌,你来我往好快乐。

　　唱完了我叹惜道:"有朋友却没有美酒,有美酒也没有佳肴,如此月色皎洁、清风撩人的美好夜晚,可叫我们怎么度过?"一位朋友说:"今天傍晚我撒网捕到了一条鱼,大嘴巴、细鳞片,很像是松江里鲜美的鲈鱼。不过,到哪儿去弄酒呢?"我回家问妻子有没有酒,妻子说:"我这正好有一斗酒,存了很久了,就为了应付你临时的需要。"

朗读原文

于是携酒与鱼，复游于赤壁之下。江流有声，断岸千尺，山高月小，水落石出。曾日月之几何，而江山不可复识矣！予乃摄衣而上，履巉岩，披蒙茸，踞虎豹，登虬龙，攀栖鹘之危巢，俯冯夷之幽宫。盖二客不能从焉。划然长啸，草木震动，山鸣谷应，风起水涌。予亦悄然而悲，肃然而恐，凛乎其不可留也。返而登舟，放乎中流，听其所止而休焉。时夜将半，四顾寂寥。适有孤鹤，横江东来，翅如车轮，玄裳缟衣，戛然长鸣，掠予舟而西也。

实时翻译

于是我们带着美酒和鲜鱼又去赤壁下游玩。江中的流水轰鸣不止，陡峭的江岸高耸千尺；在高耸的山峰之上，月亮显得很小，江水水位下降，很多原来潜藏在水下的礁石都露出了水面。距离上次来相隔没有多久，而江景山色竟然变得我都认不出来了！我撩起衣襟开始爬山，踩着凸起的山岩，拨开杂乱的野草，迈上形如虎豹的怪石，攀爬状如虬龙的树枝，终于爬上了鹘鸟做窝的崖顶，得以俯瞰水神冯夷的深宫。两位友人都没能跟着我爬上来。我站在山顶放声高呼长啸，草木为之震动，群山与之共鸣，狂风骤起，波涛汹涌。不知不觉间，我感到了一股悲凉、一阵惊恐，恐怖的气氛让人不敢久留。我原路返回，和朋友们上了船，把船划到江心，打算随它漂到哪里就在那里停靠。快到半夜时，四周一片清冷寂寞，正在这时一只仙鹤横穿江面从东边飞来，翅膀展开像车轮一样大小，如同穿着黑裙白衣，戛然一声长鸣，擦着我们的小船向西飞去。

朗读原文

须臾客去,予亦就睡。梦一道士,羽衣蹁跹,过临皋之下,揖予而言曰:"赤壁之游乐乎?"问其姓名,俯而不答。"呜呼噫嘻!我知之矣!畴昔之夜,飞鸣而过我者,非子也耶?"道士顾笑,予亦惊寤。开户视之,不见其处。

实时翻译

不久,朋友们走了,我也回家睡了。睡梦中我梦见一位道士,穿着羽毛织成的衣裳,走过临皋亭前,向我拱手作揖道:"游览赤壁快乐吗?"我问他姓名,他却低头不答。"噢!我知道了!昨天晚上,边飞边叫着从我旁边经过的,不就是你吗?"道士看着我笑了笑,我也忽然从梦中惊醒,赶忙打开门去看,却没看到他的身影。

思维导图

多思考一点

再旷达的人,也会遭遇压力的袭扰。苏轼再游赤壁,月夜攀岩、划然长啸,很难说不是内心压力的释放。学会减压,是让生活更美好、更长久的灵丹妙药。生活中,减压的方法多种多样,例如读书养性情,雅趣养身心,此外,听音乐、旅游、体育运动也都是很好的减压方式。

方山子传

● 蒙太奇式的传奇人生

出处	《苏东坡全集》
作者	苏轼
创作年代	宋
坐标	《古文观止》卷十一

助学小贴士

　　人物传记是古代文学作品中常见的题材，但同样为人立传，苏轼却能做到不同凡响。平常人写传，大都按部就班，依次介绍人物姓名、性别、家庭住址、家庭关系、工作单位、先进事迹，等等，写完了可以直接存进档案馆。苏轼则不同，在这篇《方山子传》中，他大胆地运用了千年之后电影中常常使用的"蒙太奇"手法，选取几个侧面来描写人物，让读者自己在头脑中拼凑出一个有血有肉、见心见性的方山子，也使一篇四百余字的短文波澜横生、跌宕起伏。

朗读原文

方山子，光、黄间隐人也。少时慕朱家、郭解为人，闾(lú)里之侠皆宗之。稍壮，折节读书，欲以此驰骋当世，然终不遇。晚乃遁(dùn)于光、黄间，曰岐(qí)亭，庵(ān)居蔬食，不与世相闻。弃车马，毁冠服，徒步往来山中，人莫识也。见其所著帽，方耸而高，曰："此岂古方山冠之遗像乎？"因谓之"方山子"。

实时翻译

方山子是光州、黄州一带的隐士。年轻时，他仰慕西汉游侠朱家、郭解的品行和为人，街坊邻里中的好侠之士都很敬重他、推崇他。年岁稍长一些后，就改变了志向，开始发奋读书，想靠文才来闯荡世界、施展抱负，但一直没有机会。晚年时他就隐居在光州、黄州之间一个叫岐亭的地方，住简陋茅屋，吃粗茶淡饭，不与世人来往。他舍弃了自己的车马，撕毁了书生的帽子、衣服，徒步在山里来来往往，没有人知道他是谁。有人见他戴的帽子方方的又很高，就说："这不就是古代方山冠的样子吗？"于是大家就都称他为"方山子"了。

朗读原文

余谪(zhé)居于黄,过岐亭,适见焉。曰:"呜呼!此吾故人陈慥(zào)季常也,何为而在此?"方山子亦矍(jué)然问余所以至此者。余告之故。俯而不答,仰而笑,呼余宿其家。环堵萧然,而妻子奴婢皆有自得之意。

余既耸然异之,独念方山子少时,使酒好剑,用财如粪土。前十九年,余在岐山,见方山子从两骑,挟二矢,游西山,鹊起于前,使骑逐而射之,不获,方山子怒马独出,一发得之。因与余马上论用兵及古今成败,自谓一时豪士。今几日耳,精悍之色犹见于眉间,而岂山中之人哉?

实时翻译

我因被贬官而暂住黄州,有一次经过岐亭时正巧碰见了他。我惊呼:"哎呀!这不是我的老相识陈慥陈季常吗,你怎么在这里?"方山子也很惊讶,问我在这里的原因。我把前因后果告诉了他,他开始低着头不说话,继而仰天大笑,并招呼我到他家留宿一晚。他的家家徒四壁,看起来日子过得很清苦,但他的妻子、儿女和奴仆都一副自得其乐的样子。

我完全被眼前的景象震惊了,心里不由回想起方山子年轻时候的纵情豪饮、舞刀弄剑、挥金如土。十九年前,我在岐山,有一次看到方山子手持两支箭,带着两名随从在西山骑马游猎。前方一只鹊忽然被惊起,他便叫随从拍马追赶、搭弓射鹊,可惜没能射中。方山子猛然策马,骏

马一跃向前,同时一箭射出,飞鹊应声而落。他在马上和我谈论了用兵之道及古今成败之事,他自认为是一代豪杰。这都过去多少年了,从眉宇间依然可以看出他的精明强干。他怎么就成了山中的隐士呢?

朗读原文

然方山子世有**勋阀**(xūn fá),当得官,**使**从事于其间,今已显闻。而其家在洛阳,园宅壮丽,与公侯等。**河北**有田,岁得帛千匹,亦足以富乐。皆弃不取,独来穷山中。此岂无得而**然**哉?

余闻光、黄间多异人,往往**佯狂**垢污,不可得而见,方山子倘见之**欤**(yú)?

实时翻译

方山子的家族世代都曾为国家建立**功业**,他得到朝廷封赏官爵是理所应当的,**如果**他从政为官,到现在早已声名显赫了。而且,他家在名都洛阳有豪宅,房舍雄伟、园林瑰丽,与公侯之家不相上下。他在**黄河以北**还有田产,每年有上千匹丝帛的收入,只靠佃租也足以过上富裕安乐的生活。然而他舍弃了一切,偏偏来到这穷山恶水之地。要不是自得其乐怎么会**这样**呢?

我听说光州、黄州一带多有奇人异士隐居,他们常常**装疯卖傻**、把自己弄得污垢不堪,我始终没有遇见过。方山子或许见过吧?

思维导图

多思考一点　一叶落知天下秋。落叶是秋天最显著的特点,所以只要描写落叶,就说明了秋天的来临。说明事物要抓住特点,描写人物同样要把握特征。苏轼描写方山子,就是抓住了最能表现人物性格的片段,用这些片段拼接出了一个生动的人。

黄州快哉亭记

- 坦然其中，自得其乐

出处 《栾城集》
作者 苏辙
创作年代 宋
坐标 《古文观止》卷十一

助学小贴士

　　苏轼背着"乌台诗案"的大黑锅被贬到了黄州担任团练副使。苏辙怕哥哥想不开，别再出点什么事，就向皇帝自请责罚，把自己贬绮州做个地方官。绮州距离黄州不远，这样他就能常去看望哥哥了。有一年，他们兄弟相聚，一道游览了张梦得为饱览长江美景而建造的江景亭，苏轼便替它取名为"快哉亭"，苏辙则为张梦得写了这篇《黄州快哉亭记》。

朗读原文

江出西陵,始得平地,其流奔放肆大。南合湘、沅,北合汉、沔,其势益张;至于赤壁之下,波流浸灌,与海相若。清河张君梦得谪居齐安,即其庐之西南为亭,以览观江流之胜,而余兄子瞻名之曰"快哉"。

(yuán、miǎn、zhé)

实时翻译

长江流出了西陵峡,才来到平坦的地带,水流变得奔腾宽广。它汇聚了南边注入的沅水、湘水和北边来的汉沔之水之后,江水越发盛大,流到赤壁之下时,已经波涛滚滚,犹如大海一样。清河来的张梦得贬官到齐安,在他房舍的西南角建了一座亭子,用来观赏长江的胜景,我哥哥苏子瞻给这座亭子起了个名字,叫"快哉亭"。

朗读原文

盖亭之所见，南北百里，东西一舍(shè)，涛澜汹涌(lán)，风云开阖(hé)。昼则舟楫(jí)出没于其前，夜则鱼龙悲啸(shū)于其下。变化倏忽，动心骇目，不可久视。今乃得玩之几席之上，举目而足。西望武昌诸山，冈陵起伏，草木行列，烟消日出，渔夫、樵父之舍，皆可指数。此其所以为"快哉"者也。至于长洲之滨，故城之墟，曹孟德、孙仲谋之所睥睨(pì nì)，周瑜、陆逊之所驰骛(wù)，其流风遗迹，亦足以称快世俗。

实时翻译

站在亭子里眺望，南北上百里、东西三十里内波涛汹涌、风云变幻。白天能看到船只在江面上时隐时现，晚上能听到鱼龙在江水中长啸悲鸣。眼前的景象可谓瞬息万变，怵目惊心，无法长久地停留欣赏。现在好了，有了这个亭子，安坐在几案旁坐席上抬抬眼就能欣赏玩味如此美景。向西眺望，可见武昌的群山蜿蜒起伏，草木茂盛，烟消云散太阳出来的时候，渔夫、樵父的房舍都可以看得清清楚楚。这就是为它起名"快哉亭"的主要原因。至于那长江边古城的废墟，正是曹操、孙权窥伺争夺之所，是周瑜、陆逊驰骋征战之地，凭吊这些历史流传下来的故事和遗迹，也足以让人称之为快事啊。

朗读原文

　　昔楚襄王从宋玉、景差于兰台之宫，有风飒然至者，王披襟当之，曰："快哉此风！寡人所与庶人共者耶？"宋玉曰："此独大王之雄风耳，庶人安得共之！"玉之言，盖有讽焉。夫风无雌雄之异，而人有遇不遇之变。楚王之所以为乐，与庶人之所以为忧，此则人之变也，而风何与焉？士生于世，使其中不自得，将何往而非病？使其中坦然，不以物伤性，将何适而非快？今张君不以谪为患，收会稽之余，而自放山水之间，此其中宜有以过人者。将蓬户瓮牖，无所不快，而况乎濯长江之清流，挹西山之白云，穷耳目之胜以自适也哉！不然，连山绝壑，长林古木，振之以清风，照之以明月，此皆骚人思士之所以悲伤憔悴而不能胜者，乌睹其为快也哉！

实时翻译

　　从前，楚襄王带着宋玉、景差游兰台宫，一阵风飒飒吹来，楚王敞开衣襟，迎着风说："这阵风真是让人畅快啊！百姓和我一样也都能享受到这畅快吧？"宋玉说："这是大王一个人独享的雄风，百姓怎么能和您共享这畅快呢？"宋玉的话大概含有讽喻意味吧。风并没有雌雄的区别，而人却有境遇的不同。楚王快乐、百姓忧愁，正是由于他们的境遇不同，和风又有什么关系呢？人生活在世上，如果内心不能安然自在，那他到哪里能没有怨言？相反，如果能做到内心坦荡旷达，不因为外物得失而改变自己的本性，那他在什么地方不会快乐？张梦得没把被贬官当作灾患，反而在处理财务结算的公事之余，在这山水之间尽情游览，他的内心应该有超越常人之处。即使用蓬草编门、以瓦罐做窗，他也觉得快乐，更何况他还能畅快地在这清澈的江流中洗濯，手捧西山的白云，尽享着悦人耳目的美景呢！若非如此，这在清风拂摇、明月临照之下的无尽山峦、陡峭绝壁、辽阔森林、参天古木，都是使失意文人或思乡之客感到悲伤而不能承受的景象，哪里还能看出是快乐的呢！

思维导图

黄州快哉亭记
- 建亭环境：长江浩荡
- 建亭之人：清河张梦得
- 建亭背景：谪居齐安
- 亭之所在：其庐之西南
- 建亭目的：以览观江流之胜
- 命名之人：余兄子瞻
- 命名原因：
  - 观览胜景之快
  - 凭吊史迹之快
- 快哉出处：楚王游兰台
- 处世态度：
  - 其中不自得
  - 其中坦然

作者信息

姓　　名：苏辙
字／号：字子由，一字同叔，晚号颍滨遗老
生卒年：1039—1112年
籍　　贯：眉州眉山
成　　就：与父亲苏洵、兄长苏轼齐名，合称"三苏"；名列"唐宋八大家"

多思考一点

苏辙在这篇文章中告诉我们要心中坦然、自得其乐，也就是要有一颗强大的内心。可如何才能拥有强大的内心呢？培养能力，让自己自信；培育兴趣，让自己开心；培植梦想，让自己永远充满希望……这些都是让我们内心强大的途径，赶快践行起来吧！

读孟尝君传

▣ 语语转、笔笔紧的千秋绝调

出处 《临川集》
作者 王安石
创作年代 宋
坐标 《古文观止》卷十一

助学小贴士

　　孟尝君是战国时齐国的王子,与同一时期的赵国平原君、楚国春申君、魏国信陵君一起被称为"战国四公子",都以挥金如土"好养士"而闻名于世。孟尝君鼎盛时期有食客三千,在常人看来可谓宾客盈门、谋士云集了。但宋朝改革派领袖王安石可不这么看,凭着"天变不足畏,祖宗不足法,人言不足恤"的"三不足"精神,他创新性地提出了孟尝君"特鸡鸣狗盗之雄耳"的惊人论断。

朗读原文

世皆称孟尝君能得士,士以故归之,而**卒**赖其力以脱于虎豹之秦。嗟乎!孟尝君**特**鸡鸣狗盗之雄耳,岂足以言得士?不然,**擅**齐之强,得一士焉,宜可以南面而制秦,尚何取鸡鸣狗盗之力哉?鸡鸣狗盗之出其门,此士之所以不至也。

实时翻译

世人都说孟尝君招贤纳士,贤士因此归附于他,因而他**最终**借助门下"贤士"的力量从虎豹般的强秦逃了出来。唉!孟尝君**只**是个鸡鸣狗盗之徒的头目罢了,也配说招贤纳士?如果不是这样的话,**凭借**齐国的强大国力,只要得到一个真正的贤士,就应该南面称王而制服秦国,哪里还用得着借助鸡鸣狗盗之徒的力量?鸡鸣狗盗之徒在他的门下,这正是贤士不归附于他的原因啊。

作者信息

姓　　名：王安石
字／号：字介甫，号半山
生卒年：1021—1086 年
籍　　贯：抚州临川
成　　就：官拜宰相，主持变法；名列"唐宋八大家"

讲个故事

邋遢宰相

数千古风流人物，王安石要是说自己"邋遢第二"，那估计就没人敢称第一了。

早在做淮南签书判官时，王安石就养成了每日不洗漱的习惯。后来做了管马匹的官儿，王安石还是不爱洗澡，一年可能都不洗一次。他的同僚吴仲卿、韩持国两人实在受不了他身上的味儿比他们管的马身上的味儿大，就相约至少每两个月强拉王安石去洗一次澡，把这叫作"拆洗"。再后来，王安石当了宰相，不爱干净这毛病还是一点儿没改。有一回他面见宋神宗，没发觉豆大的虱子已经爬到了自己胡子上。宋神宗见此忍不住笑出了声，王安石却还不明所以。从皇帝那儿出来后，同僚告诉了他原委，他就让手下去抓虱子。同僚便趁机取笑他说："宰相脸上的虱子是被皇上亲自鉴赏过的，怎么能随便抓走呢！"我们要学习王安石的刻苦勤奋、敢于创新，可千万别学他这邋遢的坏毛病啊！

多思考一点

学问无止境，研究学问的道路也是无止境的。在这条道路上，我们要敢于打破成见、打破常规，但更要言之有理、论之有据。王安石在不足百字的文章中，彻底推翻了前人对孟尝君的看法，可谓观点创新；更难能可贵的是他言之有据，任谁都无法反驳。

游褒禅山记

入之愈深，其见愈奇

出处：《临川集》
作者：王安石
创作年代：宋
坐标：《古文观止》卷十一

 助学小贴士

　　《游褒禅山记》是王安石在辞职回家的途中游览了褒禅山几个月后以追忆形式写下的一篇游记。名为游记，文章的重心却在议而不在叙，所叙都是为所议做铺垫。如文章开头写山名及其来历、仆碑残文，是为提出深思而慎取埋下伏笔；文章中段写游洞未极其乐，是为提出做事要有志、有力、有助的心得铺垫材料。读这篇文章，我们要好好学习王安石在材料取舍、结构安排上的高妙。

朗读原文

　　褒(bāo)禅山亦谓之华山。唐浮图慧褒**始**舍于其址,而**卒**葬之;以故其后名之曰"褒禅"。今所谓慧空禅院者,褒之庐**冢**(zhǒng)也。距其院东五里,所谓华山洞者,以其乃华山之阳名之也。距洞百余步,有碑**仆**道,其文**漫灭**,独其为文犹可识,曰"花山"。今言"华"如"华实"之"华"者,**盖**音**谬**(miù)也。

实时翻译

　　褒禅山也叫华山。唐代有一个叫慧褒的和尚**最初**在这里筑室居住,**死**后也葬在这里,因此后人就把这座山叫作褒禅山。如今的慧空禅院,就是慧褒筑屋和**埋骨的地方**。在慧空禅院东面五里处,有一个华山洞,因为它在华山南面而取此名。距此洞一百多步,有一座石碑**倒在**路旁,上面的碑文**因风化严重已模糊不清**,只能勉强认出"花山"两个字。如今读为"华实"的"华",**大概**是读**错**音了。

朗读原文

其下平旷，有泉侧出，而记游者甚众，所谓前洞也。由山以上五六里，有穴窈(yǎo)然，入之甚寒，问其深，则其好游者不能穷也，谓之后洞。予与四人拥火以入，入之愈深，其进愈难，而其见愈奇。有怠(dài)而欲出者，曰："不出，火且尽。"遂与之俱出。盖予所至，比好游者尚不能十一，然视其左右，来而记之者已少。盖其又深，则其至又加少矣。方是时，予之力尚足以入，火尚足以明也。既其出，则或咎(jiù)其欲出者，而予亦悔其随之，而不得极乎游之乐也。

实时翻译

　　由此向下的那个山洞里平坦而空阔，一股山泉从洞壁边涌出，来这里游览、题字留念的人很多，这里就是"前洞"。沿山路向上走五六里，还有个看起来很幽深的洞穴，一进去就感到寒气逼人，探究它的深度，人们说就是那些喜欢寻洞探幽的人也没有谁曾走到头。它被称为"后洞"。我和同游的四个人举着火把走进了后洞，越到深处，行进越困难，但看见的景象越奇妙。这时候有个人走累了想回去，他说："再不出去的话，火把就要烧完了。"于是大家就都跟着他一起退了出来。我们所到的地方，跟那些喜欢寻洞探幽的人比起来，恐怕还不到十分之一，但观察左右的石壁就能发现来此题记的人已经很少了。估计更深的地方，到过的人更少。其实在决定返回的时候，我的体力还能继续往前走，火把也还能再燃烧一段时间。所以出洞以后就有人后悔了，埋怨那个提议返回的人，我也有些后悔自己跟着别人退了出来，没能极尽游洞的乐趣。

朗读原文

　　于是余有叹焉。古人之观于天地、山川、草木、虫鱼、鸟兽，往往有得，以其求思之深而无不在也。夫**夷**以近，则游者众；险以远，则至者少。而世之奇伟、瑰怪、非常之观，常在于险远，而人之所罕至焉，故非有志者不能至也。有志矣，不**随**以止也，然力不足者，亦不能至也。有志与力，而又不随以怠，至于幽暗昏惑而无物以相之，亦不能至也。然力足以至焉，于人为可讥，而在己为有悔；尽吾志也而不能至者，可以无悔矣，其孰能讥之乎？此予之所得也。

　　余于仆碑，又有悲夫古书之不存，后世之谬其传而莫能名者，何可**胜道**也哉！此所以学者不可以不深思而慎取之也。

　　四人者：庐陵萧君圭君玉，长乐王回深父，余弟安国平父，安上纯父。至和元年七月某日，临川王某记。

> **实时翻译**

就这件事我有所感慨：古人观察天地、山川、草木、虫鱼、鸟兽，常常能够有所得益，就是因为他们对任何事物都愿意探索，而且思考得很深入。那些平坦而易达的地方，到达的游人就多；那些危险而偏远的地方，到达的游人就少。然而世间那些神奇雄伟、瑰丽特异的不同寻常的景观，常常在危险而偏远的地方，很少有人能到达那里，所以只有那些意志坚定的人才能到达。有了坚定的意志，不盲从别人停止，但体力不支，也是到不了的。有了坚定的意志和充沛的体力，也不盲从别人停止，但遇到了幽深昏暗而让人不辨东西且没有外物可供参考路径的情况，也还是没法到达。然而，如果体力足以到达却没有到达，在别人看来是可以讥笑的，而且自己也会感到后悔。尽了我自己的主观努力而未能达到，则可以无怨无悔了，这种情况下谁还能讥笑我呢？这些就是我的感悟和收获了。

看着那块倒地的石碑，我又生出了古书遗失以致后世以讹传讹而无人明了真相的感叹，（这样的例子）哪能说得完呢？这就是做学问的人必须深入思考然后谨慎援引资料的原因啊。

和我一起游览的四个人分别是：庐陵人萧君圭（字君玉），长乐人王回（字深父），我的两个弟弟王安国（字平父）和王安上（字纯父）。至和元年七月，临川人王安石记。

思维导图

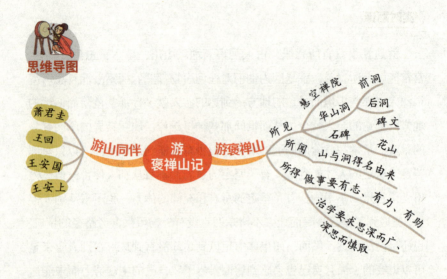

多思考一点　有志、有力、有助，从我们自身和自身之外两个方面指出了成就大事业必不可少的三个要素。自身的要素是要有志、有力。有志，就是要有强烈的意愿；有力，就是要有完成事业的能力。自身之外的要素就是要有助，它强调的是获得外物或外力的支持。

阅江楼记

▫ 有记却无楼的空头文章

出处　《文宪集》
作者　宋濂
创作年代　明
坐标　《古文观止》卷十二

助学小贴士

　　自古为亭台楼阁写记作传，都是先有楼阁再有文章。唯独《阅江楼记》不同，有记无楼，就像空头支票一样，是一篇空头文章。原来，明太祖朱元璋游览狮子山后被这里的胜景折服，就打算在这里修建一座楼，名字都想好了，就叫"阅江楼"。楼还未建，朱元璋就迫不及待地自己先写了一篇文辞华美的《阅江楼记》，然后下旨让满朝文士每人再写一篇同名文章。这些文章中，数宋濂写得最好。然而文章都写好了，阅江楼的地基也建完了，朱元璋却突然下令阅江楼不建了……

朗读原文

金陵为帝王之州,自六朝迄(qì)于南唐,类皆偏据一方,无以应山川之王气。逮我皇帝,定鼎于兹(jī),始足以当之。由是声教所暨,罔(wǎng)间朔(shuò)南;存神穆清,与天同体。虽一豫一游,亦可为天下后世法。京城之西北,有狮子山,自卢龙蜿蜒而来,长江如虹贯,蟠(pán)绕其下。上以其地雄胜,诏建楼于巅,与民同游观之乐,遂锡嘉名为"阅江"云。

实时翻译

金陵是帝王曾建都的所在,但从六朝到南唐,在此建都的全都是偏安一方的政权,无法与金陵山川所呈现的帝王之气相配。直到我大明皇帝建国定都于此,才与之相符。从此,我大明的声威教化所到之处,没有长江阻隔,不分南北;我大明圣上修心养性,像清和的风化育万物,与天道融为一体,即便是巡游娱乐,也可以被天下及后世效法。京城的西北有座狮子山,是从卢龙山延伸而来,长江有如一道长虹盘绕着它的山脚流过。圣上因为这地方景观雄伟壮观,就下诏在山顶上建一座楼,与百姓同享游览观赏的欢乐,还御赐它一个美妙的名字叫"阅江"。

朗读原文

　　登览之顷，万象森列，千载之秘，一旦轩露。岂非天造地设，以俟大一统之君，而开千万世之伟观者欤？当风日清美，法驾幸临，升其崇椒，凭阑遥瞩，必悠然而动遐思。见江汉之朝宗，诸侯之述职，城池之高深，关阨之严固，必曰："此朕栉风沐雨，战胜攻取之所致也。"中夏之广，益思有以保之。见波涛之浩荡，风帆之上下，番舶接迹而来庭，蛮琛联肩而入贡，必曰："此朕德绥威服，覃及内外之所及也。"四陲之远，益思有以柔之。见两岸之间、四郊之上，耕人有炙肤皲足之烦，农女有捋桑行馌之勤，必曰："此朕拔诸水火，而登于衽席者也。"万方之民，益思有以安之。触类而思，不一而足。臣知斯楼之建，皇上所以发舒精神，因物兴感，无不寓其致治之思，奚止阅夫长江而已哉？

实时翻译

　　一登上阅江楼，万千景色次第呈现，千年的大地秘藏美景顷刻间显露无遗。这难道不是天地有意造就、专等一统海内的明君到来，让他开启这将展现千秋万世的奇观吗？每当风和日暖，圣上登临，站在山巅扶着栏杆远眺时，必定会悠然心动、触动情思。看见长江的流水滚滚东去归海，看见四方诸侯赴京汇报，看见城池的高深、关隘的牢固，圣上一定会说："这是我历经风雨、战胜强敌、攻城取地才得来的天下啊。"想到华夏大地的广阔，就会更加想着怎样来保全天下。当看见长江波涛浩荡、江面千帆竞发，看见外国船只排成队列前来朝见、番邦使臣手捧珍宝争相进贡，圣上一定会说："这是我用恩德安抚百姓、以威力慑服天下的声望远播他国才换来的胜景啊。"想到四方边陲的僻远，就会更加想着要怎样去安抚邻邦。当看见大江两岸、四方原野上耕夫有夏晒烈日、冬凛严寒的忧劳，农女有采桑养蚕、下田送饭的辛勤，圣上一定会说："这就是我拯救于水深火热之中并使之安眠于床席之上的百姓啊。"想到天下的黎民，就会更加想着要怎样让他们安居乐业。类似的感触不能一一枚举。圣上兴建这座阅江楼，是为了舒展自己的情怀和抱负，凭借所观而引发思考，寄寓着他治理天下的理想，何止是为了观赏长江的风景？

朗读原文

彼临春、结绮,非不华矣;齐云、落星,非不高矣。不过乐管弦之淫响,藏燕赵之艳姬,一旋踵间而感慨系之,臣不知其为何说也。虽然,长江发源岷山,委蛇七千余里而入海,白涌碧翻。六朝之时,往往倚之为天堑。今则南北一家,视为安流,无所事乎战争矣。然则果谁之力欤?逢掖之士,有登斯楼而阅斯江者,当思圣德如天,荡荡难名,与神禹疏凿之功同一罔极。忠君报上之心,其有不油然而兴耶?

实时翻译

那临春阁、结绮阁不是不华美,那齐云楼、落星楼不是不高大,然而它们只不过是昏庸帝王享受淫词艳曲、深藏燕赵美女的所在,转瞬之间便与国破家亡的感慨联系在了一起,我不知道该怎样评说。长江还是那条长江——发源于岷山,曲折蜿蜒七千多里才流入大海,一路上白浪汹涌、碧波翻腾,然而六朝之时往往将它作为天然的大壕沟;如今则长江南北同属一家,长江也成了宁静的河流,不再作为战争屏障了。这究竟是靠谁的力量实现的呢?那些穿着宽袍大袖的读书人如果登上此楼观览此江,就会想到当今圣上的恩德有如苍天浩荡无边,难以言表,就如同大禹凿山疏水拯救万民的功绩一样无边无际。如此一来,忠君报国之心还有不油然而生的吗?

朗读原文

臣不敏，奉旨撰(zhuàn)记。欲上推宵旰(gàn)图治之功者，勒诸贞珉(mín)。他若留连光景之辞，皆略而不陈，惧亵(xiè)也。

实时翻译

我没有才能，奉皇上圣旨撰写这篇《阅江楼记》，于是打算将皇上昼夜辛劳、励精图治的功德铭刻于精美的碑石之上；而其他如写景状物的文辞一概略而不言，是因为怕亵渎了圣上建造这阅江楼的本意。

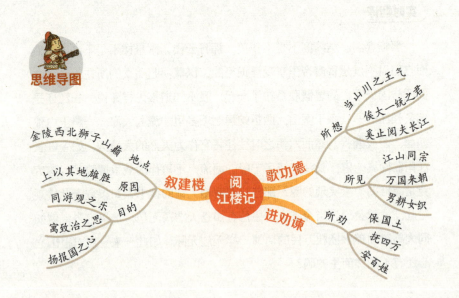

思维导图

阅江楼记
- 叙建楼
  - 地点：金陵西北狮子山巅
  - 原因：上以其地雄胜
  - 目的：同游观之乐、寓致治之思、扬报国之心
- 歌功德
  - 所想：当山川之王气、俟大一统之君、奠止阅夫长江
  - 所见：江山同宗、万国来朝、男耕女织
- 进劝谏
  - 所劝：保国土、抚四方、安百姓

作者信息

姓　　名：宋濂
字　／　号：字景濂，号潜溪，别号龙门子等
生　卒　年：1310—1381年
籍　　贯：金华潜溪
成　　就：被明太祖朱元璋誉为"开国文臣之首"

多思考一点

亡羊补牢，犹未为晚。朱元璋为何停建阅江楼，原因众说纷纭，并无定论，但有一点可以肯定的是：他发现自己的决定有误后，及时采取措施，避免了损失进一步加大。这就叫"及时止损"。有舍才有得，懂得在生活中及时止损，能让你朝着正确目标更快地迈进。

卖柑者言

> 金玉其外,败絮其中

出处　《诚意伯文集》
作者　刘基
创作年代　元末明初
坐标　《古文观止》卷十二

助学小贴士

　　《卖柑者言》是刘基写于元朝末年的一篇寓言故事。文章由一个坏柑橘引起议论,假托卖柑者的一席话,无情揭示了当时盗贼蜂起、官吏贪污、法制败坏、民不聊生的社会现实,尖锐地讽刺了那些冠冕堂皇、声威显赫的达官贵人们其实都是如柑橘一样"金玉其外,败絮其中",抒发了作者对于黑暗社会现实的强烈不满……

朗读原文

杭有卖果者，善藏柑，涉寒暑不溃。出之烨然，玉质而金色。剖其中，干若败絮。予怪而问之曰："若所市于人者，将以实笾豆，奉祭祀，供宾客乎？将炫外以惑愚瞽乎？甚矣哉为欺也！"

实时翻译

杭州有个卖水果的人，擅长贮藏柑橘，他的柑橘存一整年也不会烂，拿出来的时候依然表皮光鲜如初，莹润像玉石，色泽如黄金。切开再看里面，则果肉已经干枯得像破败的棉絮。我责问他说："你卖这样的柑橘，是打算让人放在盘子里祭祀祖先、招待宾客，还是就打算凭着它们鲜丽的样子让愚昧的人上当受骗啊？你这样骗人实在是太过分了！"

朗读原文

　　卖者笑曰："吾业是有年矣，吾业赖是以<u>食</u>吾躯。吾售之，人取之，未闻有言，而独<u>不足</u>子所乎？世之为欺者不寡矣，而独我也乎？吾子未之思也。今夫佩虎符、坐<u>皋比</u>者，洸洸乎干城之具也，果能授孙、吴之略耶？峨大冠、拖长绅者，昂昂乎庙堂之器也，果能建伊、皋之业耶？盗起而不知御，民困而不知救，吏奸而不知禁，法<u>斁</u>而不知理，坐<u>縻</u>廪粟而不知耻。观其坐高堂，骑大马，醉醇<u>醴</u>而<u>饫</u>肥鲜者，孰不巍巍乎可畏，赫赫乎可象也？又何往而不金玉其外、败絮其中也哉？今子是之不察，而以察吾柑！"

　　予默默无以应。退而思其言，类东方生<u>滑稽</u>之流。岂其<u>忿</u>世嫉邪者耶？而托于柑以讽耶？

> **实时翻译**

卖柑橘的人笑着说:"我卖柑橘已经好多年了,就靠这个养活自己呢。我卖橘子,别人买橘子,从没听人说过有什么问题,怎么就您不满意呢?世界上骗人的人多了去了,难道只有我一个吗?您没好好想过这个问题。您看,现在那些手握兵符、端坐在虎皮交椅上的武将,一个个耀武扬威,貌似保卫国家的将才,可他们真能拿出孙武、吴起那样的谋略吗?再看那些戴着高帽子、拖着长丝带的文官,一个个气宇轩昂,貌似治国理政的栋梁,可他们真能建立伊尹、皋陶那样的功绩吗?盗贼四起他们不知道如何平息,百姓困苦他们不知道如何救助,官吏枉法他们不知道如何禁止,法度败坏他们不知道如何整顿,他们一个个白白领着俸禄、浪费着粮食却丝毫不知羞耻。您看看那些个坐高堂、骑大马、醉饮美酒饱食佳肴的人吧,哪一个不是威风凛凛令人敬畏?哪一个不是声名显赫让人仰慕?可又有谁不是外表如金似玉、腹中满是败絮呢?现在您不看看这些,倒来管我的柑橘!"

我无以应对。回来后想了想卖柑人说的话,觉得他是东方朔那样诙谐善辩的人。难道他是个愤世嫉俗的人,因而借卖柑橘来讽刺世事吗?

思维导图

作者信息

姓　　名：刘基
字　　　：字伯温
生 卒 年：1311—1375 年
籍　　贯：浙江青田
成　　就：精通天文、兵法、数理，俗言"前朝军师诸葛亮，后朝军师刘伯温"

多思考一点

正是通过刘基的这篇文章，"金玉其外，败絮其中"开始被世人广泛用来比喻那些徒有华丽外表而没有真本事或品行、思想恶劣的人。我们要努力在能力和德行上提升自己，避免成为这样的人；也要注意避免"败絮其外，金玉其中"，不明白的话就想想王安石吧。

报刘一丈书

> 不为穷变节,不为贱易志

出处《宗子相集》
作者 宗臣
创作年代 明
坐标《古文观止》卷十二

助学小贴士

　　《报刘一丈书》是宗臣写给刘一丈的回信。刘一丈和宗臣父亲是四十多年的好朋友,但他的本名可不叫"刘一丈",只是因为他姓刘、排行第一、丈是对男性长辈的尊称,宗臣才称其为"刘一丈"。赶快去看看信中到底写了什么吧。

朗读原文

数千里外,得长者时赐一书,以慰长想,即亦甚幸矣。何至更辱馈遗,则不才益将何以报焉?书中情意甚殷,即长者之不忘老父,知老父之念长者深也。

实时翻译

我身处数千里之外,能时常收到您老人家的来信,使我长久的思念得以宽慰,就已经感到很荣幸了;没想到还承蒙您送我礼物,这可让我怎么报答您的恩情呢?从您信中表达的殷切情意,我知道您没有忘记我的父亲,也明白了父亲为何那么深切地想念您老人家。

朗读原文

至以"上下相孚(fú)，才德称位"语不才，则不才有深感焉。夫才德不称，固自知之矣；至于不孚之病，则尤不才为甚。且今之所谓孚者何哉？日夕策马候权者之门，门者故不入，则甘言媚词作妇人状，袖金以私之。即门者持刺入，而主人又不即出见，立厩(jiù)中仆马之间，恶气袭衣袖，即饥寒毒热不可忍，不去也。抵暮，则前所受赠金者出，报客曰："相公倦，谢客矣，客请明日来。"即明日又不敢不来。夜披衣坐，闻鸡鸣，即起盥栉(guàn zhì)，走马抵门。门者怒曰："为谁？"则曰："昨日之客来。"则又怒曰："何客之勤也！岂有相公此时出见客乎？"客心耻之，强忍而与言曰："亡(wú)奈何矣，姑容我入。"门者又得所赠金，则起而入之。又立向所立厩中。幸主者出，南面召见，则惊走匍匐(pú fú)阶下。主者曰："进！"则再拜，故迟不起，起则上所上寿金。主者故不受，则固请；主者故固不受，则又固请，然后命吏纳之。则又再拜，又故迟不起，起则五六揖始出。出，揖门者曰："官人幸顾我，他日来，幸无阻我也！"门者答揖。大喜，奔出。马上遇所交识，即扬鞭语曰："适自相公家来，相公厚我，厚我！"且虚言状。即所交识亦心畏相公厚之矣。相公又稍稍语人曰："某也贤！某也贤！"闻者亦心计交赞之。此世所谓上下相孚也。长者谓仆能之乎？

实时翻译

至于您信中跟我所说"上级下级要互相信任，才能品德要符合职位"，我深有感触。我的才能品德不足以与职位相符，这我早就知道了。而您说的未能做到上下级相互信任这一问题，在我身上表现得最为突出。且看，如今所说的上下级信任是什么样的呢？有一个人骑着马日夜兼程地赶到了权贵之家的门口，请求拜见。看门的人故意为难他不让他进，他就自甘做妇人的姿态，低声下气地恳求，并拿出袖子里藏的钱财偷偷塞给看门人。看门人拿着名帖进去而主人又不立即出来接见，他就站在马棚里等，与仆人和马匹为伍，任凭臭气熏染着衣服，就算饥饿、寒冷或闷热得无法忍受，也不离去。等到晚上，那个之前收了他钱的看门人出来了，对他说："我家相公累了，今天不见客了，您明天再来吧。"他又不敢第二天不来，于是从晚上开始就披衣坐等，一听到鸡叫就起来梳洗打扮，然后骑着马跑到人家门口敲门。看门人生气地说："谁啊？"他回答说："我是昨天来过的客人。"看门人又怒气冲冲地：" 你来这么早干吗！我家相公怎么可能这么早出来会客啊！"客人心里虽然觉得受辱，但表面上还得强忍着，恳求看门人说："我也没有办法啊！您就姑且让我进去等吧！"看门人又收了他送的一笔钱，这才起身放他进去。他又站在之前站过的马棚里等。他很庆幸这次主人从后堂出来了，在客厅中端坐着召见他，于是赶忙慌慌张张地跑上前去，拜伏在堂前的台阶下。主人说："进来吧！"他拜了又拜，故意迟迟不起身，起身后就赶忙献上见面礼金。主人故意推辞不受，他就再三请求；主人故意表示坚决不能要，他就再次再三请求，然后主人叫人把东西收下了。见主人收了礼金，他再次伏地拜了又拜，拜完了还是故意迟迟不起，起来后又连连作揖这才退了出来。出来后他对看门人也作了一揖，说："承蒙老爷关照我！改天再来，希望您就别拦我了。"守门人向他回了礼。他欣喜若狂地跑了出来。他骑着马走在路上，只要遇到认识的人，就扬起马鞭得意扬扬地对人说："我刚从相公府出来，相公很看重我，很看重我啊！"还很夸张地跟人讲述他受到接见的情景。听说他被相公看重，那些与他相识的朋友在心里也就开始敬畏他了。这之后，相公也会偶尔对人说："某人好，某人好啊。"听相公这么说，其他人也就都在心里盘算着怎么一起称赞他了。这就是现在官场中上下信任的样子，您老人家说我能这么做吗？

朗读原文

前所谓权门者，自岁时伏腊一刺之外，即经年不往也。间道经其门，则亦掩耳闭目，跃马疾走过之，若有所追逐者。斯则仆之褊衷(biǎn)。以此长不见悦于长吏，仆则愈益不顾也。每大言曰："人生有命，吾惟守分而已。"长者闻之，得无厌其为迂乎？

实时翻译

所说的那户权贵人家，我除了逢年过节投个名帖以示礼节，一整年都不去一次。就是偶尔经过他家门前，我也是闭着眼睛、捂着耳朵鞭马飞奔过去，好像后面有人追着我似的。这就是我狭隘的心胸。正因如此我长年不被上级赏识，而我也就更不在乎这些了。我常常大言不惭地说："人生在世，命运自有天注定，我只要守好自己的本分就行了！"您老人家听我这么说，或许也会嫌我过于迂腐吧！

助学小贴士

宗臣生活的年代，正是严嵩父子掌权时期。严嵩官至明朝宰相，把持朝政长达二十多年之久，最后在举国唾骂中死去，在明朝奸臣的排行榜上有名。他在朝时，对于那些与他意见不符的，疯狂栽赃陷害，且必置之死地而后快；对于那些对他奴颜婢膝的，大加培植，使其成为党羽，纵容其骄奢跋扈、横行朝廷。在这种情况下，许多士大夫在其淫威下丧失了廉耻气节，纷纷投靠他的门下。宗臣写《报刘一丈书》，就是为了揭露官场的腐败，表达对行贿干谒、趋炎附势之流者的不屑，表现自己不同流合污的正直耿介。

作者信息

姓　　名：	宗臣
字／号：	字子相，号方城山人
生卒年：	1525—1560 年
籍　　贯：	江苏兴化
成　　就：	明中期文学流派"后七子"成员之一

多思考一点　　气节是个人的灵魂，是民族的脊梁。它是为了坚持正义在诱惑或威胁面前不屈服的品质，是为了坚持正义有所为有所不为的操守。伯齐叔夷不食周粟、田横五百士杀身成仁、南宋文天祥宁死不屈，他们都是有气节的人。《报刘一丈书》批判的不正是那些丧失了气节的人吗？

沧浪亭记

◻ 名流千载有原因

出处 《震川集》
作者 归有光
创作年代 明
坐标 《古文观止》卷十二

助学小贴士

　　五代十国晚期，吴越王钱俶妻子的弟弟孙承佑任中吴军节度使，在现在的苏州市城南花大价钱造了一座别墅。很快，北宋王朝统一了中原，北宋官员集贤院校理苏舜钦（字子美）买下了这个遗意尚存的荒园，并在园子里新建了一座石亭，取名"沧浪亭"，并作《沧浪亭记》流传千古。多年之后，此园被僧人占用，僧人在废墟上重建沧浪亭，又请归有光就新亭写下了此篇《沧浪亭记》。

朗读原文

浮图文瑛居大云庵,环水,即苏子美沧浪亭之地也。亟(qì)求余作《沧浪亭记》,曰:"昔子美之记,记亭之胜也,请子记吾所以为亭者。"

余曰:昔吴越有国时,广陵王镇吴中,治南园于子城之西南,其外戚孙承佑,亦治园于其偏。迨(dài)淮海纳土,此园不废。苏子美始建沧浪亭,最后禅者居之。此沧浪亭为大云庵也。有庵以来二百年,文瑛寻古遗事,复子美之构于荒残灭没之余,此大云庵为沧浪亭也。

实时翻译

文瑛和尚住在大云庵,那里四面环水,是以前苏子美建造沧浪亭的地方。他曾多次请我写一篇《沧浪亭记》,并说:"以前苏子美写的《沧浪亭记》是描写亭子的美景,我想请您写一写我修复这个亭子的缘由。"

我说:五代十国中的吴越建国时,广陵王负责镇守吴中,他在内城的西南修建了一个园子,叫南园;他的外戚孙承佑,后来在南园旁边也建了个园子。到吴越被北宋灭亡时,这个园子还没有荒废。苏子美买下了它,在园中建造了沧浪亭;后来这里被僧人占用,逐渐发展成了今天的大云庵。这就是从沧浪亭到大云庵的演变历史。从大云庵建成至今也有二百年了,如今文瑛和尚访求历史资料和遗迹,在原来的废墟上又重新建起了沧浪亭。这就是从大云庵到沧浪亭的变化过程。

朗读原文

夫古今之变,朝市改易。尝登姑苏之台,望五湖之渺茫,群山之苍翠,太伯、虞仲之所建,阖闾(hé lǘ)、夫差(fū chāi)之所争,子胥(xū)、种、蠡(lǐ)之所经营,今皆无有矣,庵与亭何为者哉?虽然,钱镠(liú)因乱攘窃,保有吴越,国富兵强,垂及四世,诸子姻戚,乘时奢僭(jiàn),宫馆苑囿(yòu),极一时之盛。而子美之亭,乃为释子所钦重如此。可以见士之欲垂名于千载,不与其澌(sī)然而俱尽者,则有在矣。

文瑛读书喜诗,与吾徒游,呼之为"沧浪僧"云。

实时翻译

历史在变迁,宫殿市场之地也不断地改换。我曾经登上姑苏台,远眺浩渺的五湖、苍翠的群山,一想到太伯、虞仲所建立的,吴王阖闾、夫差所争夺的,伍子胥、文种、范蠡所筹划的一切如今都已消失殆尽,便觉得大云庵和沧浪亭的变迁又算得了什么呢?虽然钱镠趁唐末动乱自立为王,占有吴、越,国富兵强的国运延续了四代;他的子孙亲戚也趁机奢侈挥霍,大建宫馆园林,盛极一时,但百年之后那些园子已被人遗忘,而只有苏子美的沧浪亭却仍被和尚如此看重。可见士人要想垂名千载,不像冰块一样很快融化消失,是有原因的啊。

文瑛喜欢读书写诗,常与我们这类人交往,我们就称他为"沧浪僧"。

思维导图

作者信息

姓　　名：归有光

字／号：字熙甫，别号震川，世称"震川先生"

生卒年：1507—1571年

籍　　贯：苏州昆山

成　　就：六十岁中进士，人称其散文为"明文第一"

讲个故事

归有光的一生可以简单概括为：生命不息，考试不止。归有光出生在苏州一个日趋衰败的大族中——这和写出了《红楼梦》的曹雪芹颇为相似。

归有光八岁时，他的母亲就撒手人寰，留下了三子两女，家境也由此迅速败落。十岁就写出了千余言《乞醯论》的归有光一下子成了全家人的希望。但是他似乎有些后劲不足，直到二十岁才考了个童子试的第一名，获得了到南京参加乡试考举人的机会。从此，他就开启了自己生命不息、考试不止的学习人生——参加乡试连连落第，五上南京，榜上无名；三十五岁终于高中举人，得到了去京城参加会试考进士的资格；三年一次的会试，次次远涉千里而去，一连八次落第而归……终于，年近六十岁的时候，他考中了进士。行百里者半九十。坚持梦想，说起来是一句很轻松的话，真正能做到的可能寥寥无几。归有光这种坚持梦想不服输的精神，是他留给我们的宝贵精神财富。

多思考一点　历史的车轮滚滚向前，从不停止。如何才能在浩瀚的历史汪洋中留下自己的名字而被万世铭记？这是每一个有志之士都会思考的重大人生问题。归有光借着为新沧浪亭写记，提出并回答了这个问题。你知道他的答案是什么吗？

蔺相如完璧归赵论

◻ 完美的逻辑就是强大的力量

出处 《弇州山人四部稿》
作者 王世贞
创作年代 明
坐标 《古文观止》卷十二

 助学小贴士

　　赵国偶然间得到了绝世美玉和氏璧。秦王听说了,就和赵王商量,说愿意用十五座城换取和氏璧。当时秦强赵弱,赵王怕给了璧得不到城池,又怕不交璧引来战火,左右为难。这时蔺相如站了出来,说:"我愿意带着和氏璧出使秦国。如果秦国不交城,我保证把它完好无缺地带回来。"蔺相如到了秦国,捧着和氏璧献给秦王。秦王很高兴,就是不提换城的事情。蔺相如就上前说:"大王,这块璧上有点小毛病,我来指给您看。"秦王把和氏璧交回蔺相如,蔺相如立刻退了几步,靠着柱子说:"我看大王无意换城,所以把它骗了回来。大王如果硬抢,我的头就和它一起撞碎在柱子上!"秦王怕和氏璧撞坏,就答应蔺相如斋戒五天,然后设"九宾"仪典来接收和氏璧。正是利用这几天时间,蔺相如偷偷派人怀揣着和氏璧逃回了赵国,完成了完璧归赵的壮举。

朗读原文

蔺(lìn)相如之完璧,人皆称之。予未敢以为信也。

夫秦以十五城之空名,诈赵而胁其璧。是时言取璧者情也,非欲以窥赵也。赵得其情则弗予,不得其情则予;得其情而畏之则予,得其情而弗畏之则弗予。此两言决耳,奈之何既畏而复挑其怒也!

实时翻译

蔺相如完璧归赵,世人都称赞他。我却不太赞同。

秦国想以十五座城池的口头承诺骗赵国,并勒索它的和氏璧。按当时的情况看,秦国想得到和氏璧是实情,却并没有借机对赵国发动战争的意图。赵国如果看穿了秦国的本意,完全不用交璧;如果没看穿,那就只好交璧;如果看穿了却害怕秦国,那就给;如果看穿了又不怕秦国,那就不给。这是"给"或"不给"两句话就能解决的事儿。既然赵国惧怕秦国,蔺相如为什么还要再用偷偷送璧回国的方式去激怒它呢?

朗读原文

且夫秦欲璧,赵弗予璧,两无所曲直也。入璧而秦弗予城,曲在秦;秦出城而璧归,曲在赵。欲使曲在秦,则莫如弃璧;畏弃璧,则莫如弗予。夫秦王既按图以予城,又设九宾,斋而受璧,其势不得不予城。璧入而城弗予,相如则前请曰:"臣固知大王之弗予城也。夫璧非赵璧乎?而十五城秦宝也。今使大王以璧故,而亡其十五城,十五城之子弟皆厚怨大王以弃我如草芥也。大王弗与城而给赵璧,以一璧故,而失信于天下。臣请就死于国,以明大王之失信。"秦王未必不返璧也。今奈何使舍人怀而逃之,而归直于秦?是时秦意未欲与赵绝耳。令秦王怒而僇相如于市,武安君十万众压邯郸,而责璧与信,一胜而相如族,再胜而璧终入秦矣。

吾故曰,蔺相如之获全于璧也,天也。若其劲渑池,柔廉颇,则愈出而愈妙于用。所以能完赵者,天固曲全之哉。

实时翻译

　　一块玉璧，秦国想要，赵国不给，双方本没有什么对错可言。可如果赵国交出玉璧而秦国不给城池，那就是秦国理亏；如果秦国给了城池而赵国拿回玉璧，那就是赵国理亏。蔺相如要是想让秦国理亏，就该交出玉璧；要是害怕失去玉璧，那当初就不要来。秦王既然已经按照地图说好了给哪些城池，又答应设九宾之仪典、沐浴斋戒之后正式接收玉璧，看情况是不可能不给城池的。就算秦王得了璧不给城，蔺相如只要上前如此说："我早就知道大王不会交出城池。这和氏璧虽是我赵国的宝物，可那十五座城池也是秦国的宝地啊。如果今天大王因为一块玉璧而抛弃了十五座城池，那么这十五座城里的百姓都会深深怨恨大王像抛弃草芥一样抛弃了他们，这是失信于国人。如果大王不给城池而骗去了赵国的玉璧，这是因为一块玉璧而失信于天下。我请求您在这里处死我，让天下都知道大王您是失信之人！"秦王面对这两难的选择，未必不会归还玉璧。为什么非要让手下的人藏璧逃走，而让秦国站在了占理的一方？还好当时秦国并不想与赵国决裂。如果秦王真想决裂，愤怒地将蔺相如斩杀于街市，再派武安君率十万大军直取邯郸，责问玉璧的去向以及赵国为何失信，那么只要取得一次战役的胜利就可以让蔺相如遭遇灭族之难，取得两次战役胜利就能让赵国乖乖交出和氏璧。

　　因此我说，蔺相如之所以能完璧归赵、地位日重，那都是天意。至于他在渑池与秦国强硬较量，以柔克刚地使廉颇信服，那是手段越来越高妙了。赵国之所以得以保全，的确是上天在偏袒它啊。

思维导图

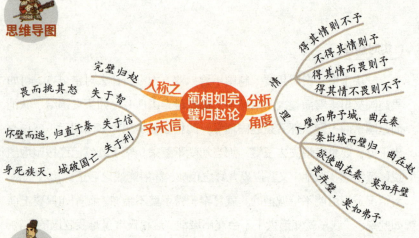

作者信息

姓　　名：	王世贞
字／号：	字元美，号凤洲，又号弇州山人
生卒年：	1526—1590年
籍　　贯：	苏州太仓
成　　就：	独领文坛二十年，明中期文学流派"后七子"之一

多思考一点

逻辑思维，简单理解就是：提出合理的假设，经过严密的演绎，得出不可否认的结论。王世贞在这篇短短四百字的文字中为我们完美展现了逻辑的力量，赵国予或弗予、秦王未必不返璧这些结论的提出，都是通过逻辑推理得出的。快来试着分析一下这些结论是如何具体得出的吧。

徐文长传

○ 奇人 奇事 奇文

出处：《袁中郎集》
作者：袁宏道
创作年代：明
坐标：《古文观止》卷十二

助学小贴士

袁宏道辞去县令职务后，就去吴越地区旅游散心。玩到绍兴时，在好朋友陶周望家里寻到了一本诗集《阙（quē）编》，如获至宝，便对作者徐文长这个人产生了浓厚的兴趣，因而搜集资料写了这篇传文。

朗读原文

徐渭,字文长,为山阴诸生,**声名籍甚**。薛公蕙校越(huì)时,奇其才,有国士之**目**。然**数奇**(jī),屡试辄**蹶**(zhé jué)。中丞胡公宗宪闻之,**客诸幕**。文长每见,则葛衣乌巾,纵谈天下事,胡公大喜。是时公督数边兵,威镇东南,**介胄**(zhòu)**之士**、**膝语蛇行**,不敢举头,而文长以部下一诸生傲之,议者方之刘真长、杜少陵云。**会得白鹿**,属文长作表,表上,永陵喜。公以是益奇之,一切疏计,皆出其手。文长自负才略,好奇计,谈兵多中,视一世事无可当意者。然竟**不偶**。

实时翻译

徐渭,字文长,是山阴县学的生员,**很有盛名**。薛蕙**做浙江考官**时,震惊于他的才华,说他堪称国家的栋梁。然而他**运气不太好**,**多次**参加考试却都**名落孙山**。中丞胡宗宪公听说他有才华,就**把他聘为幕僚**。徐文长每次参见胡公,总是一身粗布长衫,头上扎条乌巾,和他畅谈天下大事,胡公每次都很高兴。那时候胡公统率着好几支军队,威镇东南沿海,他部下的**将士**在他面前都是**跪着说话**、**爬着前进**,头都不敢抬。而徐文长只是胡公麾下的一介书生,对待胡公的态度却很高傲,背后议论他的人因而把他比作刘惔(字真长)、杜甫(字少陵)。他入职不久,胡公**恰好**得到了一头白鹿,便命徐文长给朝中写一份贺表;表文呈上,世宗皇帝看了很高兴。胡公因此更加震惊于他的才华,把所有奏章撰写和其他文书事宜都交由他办理。徐文长对自己的文才武略都很有信心,他参谋战事喜欢出奇计以制胜,谈论带兵打仗往往能一语中的。在他看来,世间之事物没有能够合乎他心意的。然而,他最终也**没有得到一展才华的机会**。

朗读原文

文长既已不得志于有司,遂乃放浪曲糵,恣情山水,走齐、鲁、燕、赵之地,穷览朔漠。其所见山奔海立、沙起云行、雨鸣树偃、幽谷大都、人物鱼鸟,一切可惊可愕之状,一一皆达之于诗。其胸中又有勃然不可磨灭之气,英雄失路、托足无门之悲,故其为诗,如嗔如笑,如水鸣峡,如种出土,如寡妇之夜哭、羁人之寒起。虽其体格时有卑者,然匠心独出,有王者气,非彼巾帼而事人者所敢望也。文有卓识,气沉而法严,不以摸拟损才,不以议论伤格,韩、曾之流亚也。文长既雅不与时调合,当时所谓骚坛主盟者,文长皆叱而奴之,故其名不出于越,悲夫!喜作书,笔意奔放如其诗,苍劲中姿媚跃出,欧阳公所谓"妖韶女,老自有余态"者也。间以其余,旁溢为花鸟,皆超逸有致。

实时翻译

　　徐文长已经不被主考官赏识，于是就选择沉醉于美酒，纵情于山水，他走遍了齐、鲁、燕、赵等地，饱览了北方大漠的风光。他将游览中所见到的奔腾的山峦、涌立的海浪、遮天的黄沙、变幻的风云、轰鸣的大雨、倒伏的树木、清净的幽谷、繁华的闹市以及奇人异士、花鸟虫鱼等一切令人惊叹的东西都一一写入了诗篇。他在心中怀着强烈的报国之志，却又郁结着英雄无用武之地的悲凉，所以他的诗充满嬉笑怒骂之感，像是流水奔出峡谷，像是种子冲破泥土，像寡妇深夜啼哭，像行客迎寒启途。虽然他的诗作有的格调不高，但独具匠心，有一种霸气、傲气，不是那种媚俗的诗作所能比的。他的文章常有真知灼见，含蓄深沉、章法严谨，写同样题材的文章也能显示他独特的才华，阐相似论题的议论也能保留他的专有的风格，可以说是比肩韩愈、曾巩一类的文章大家。徐文长与当时的文坛不合拍，对当时所谓的文坛领袖，他都加以抨击，认为他们都是朝廷的奴仆，所以他的名声只局限在浙江一带，真是让人悲哀！他爱好书法，作品笔意奔放，就像他的诗一样，在苍劲豪迈中又有跳脱出一丝妩媚的姿态，正是欧阳修所说的"就如那妖娆美好的女子，即使老了也风韵犹存"。偶尔他也把多余的兴致投入画花鸟画上，画得全都超逸雅致。

朗读原文

卒以疑杀其继室，下狱论死。张太史元汴力<u>解</u>（biàn），乃得出。晚年愤益深，<u>佯狂</u>（yáng）益甚，显者至门，<u>或</u>拒不纳。<u>时</u>携钱至酒肆，呼下隶与饮。或自持斧击破其头，血流被面，头骨皆折，揉之有声。或以利锥锥其两耳，深入寸余，竟不得死。周望言晚岁诗文益奇，无刻本，集藏于家。余同年有官越者，托以抄录，今未至。余所见者，《徐文长集》《阙编》二种而已。然文长竟以不得志于时，抱愤而<u>卒</u>。

实时翻译

徐文长因为猜忌而杀害了他的继室妻子，最终被捕入狱、判处死刑。太史张元汴极力<u>营救</u>，他才得以出狱脱罪。到了晚年后，徐文长对社会的愤恨越来越深，越来越喜欢<u>装疯卖傻</u>，即使达官贵人登门拜访，他<u>有时候</u>也拒而不见。他<u>时</u>常揣着钱到酒店狂饮，叫下人们陪他一起喝。有一次他用斧头砸自己的脑袋，弄得血流满面、头骨破碎，用手揉搓都能听到碎骨摩擦的声音。还有一次他用尖利的锥子扎进自己的双耳一寸多深，竟然没有死。陶周望说他晚年创作的诗文更加让人称奇，但没有刻本，诗稿都收藏在他的家里。和我同年考科举的人有在浙江做官的，我就委托其帮我抄录徐文长的诗文再寄给我，但至今还没有收到。我能见到的，就只有《徐文长集》《阙编》这两种书。然而，徐文长竟因郁郁不得志而满怀悲愤地<u>离开了人世</u>。

朗读原文

　　石公曰：先生数奇(jī)不已，遂为狂疾。狂疾不已，遂为囹圄(líng yǔ)。古今文人牢骚困苦，未有若先生者也。虽然，胡公间世豪杰，永陵英主。幕中礼数异等，是胡公知有先生矣；表上，人主悦，是人主知有先生矣，独身未贵耳。先生诗文崛起，一扫近代芜秽(wú huì)之习，百世而下，自有定论，胡为不遇哉？梅客生尝寄予书曰："文长吾老友，病奇于人，人奇于诗。"余谓文长无之而不奇者也。无之而不奇，斯无之而不奇(jī)也。悲夫！

实时翻译

　　石公（袁宏道）说："先生命运多舛，于是因激愤而发狂；又因狂病不断发作，而最终杀人入狱。从古至今的文人，要说牢骚之多和苦难之重，没有谁能达到徐先生这种程度了。尽管如此，仍有胡公这样百年一遇的豪杰和世宗皇帝这样英明的君主赏识他。任幕僚时被给予特殊礼遇，这说明胡公是赏识先生的；上呈表文，皇帝龙颜大悦，这说明皇帝也是赏识先生的，只是他没有被授予显贵的身份而已。先生诗文的崛起，一扫近代文坛芜杂污秽的风气，百年之后自会有定论，从这一点来看，又怎能说他没有机会施展才华呢？"　梅客生曾经写信给我，信中说道："徐文长是我的老朋友，他的病比他的人要奇，他的人又比他的诗要奇。"在我看来，徐文长没有一处不奇。正因为没有一处不奇，他才有了这所有的遭遇。唉，可悲啊！

思维导图

其人 — 徐长文传 — 其作

其人：
- 生平：幕僚、生员、诗人、游客、书画家、杀人犯、疯子、囚徒
- 特点：才华出奇、恃才傲物、精神异常、遭际奇特

其作：
- 诗歌：瑰丽寺堀、独具匠心、王者之气
- 文章：文有卓识、气沉法严
- 书法：笔意奔放、苍劲妩媚
- 绘画：超逸有致

作者信息

姓　　名：袁宏道
字／号：字中郎，一字无学，号石公，又号六休
生 卒 年：1568—1610年
籍　　贯：湖北公安
成　　就：与其兄袁宗道、弟袁中道并有才名，史称"公安三袁"，"公安派"文学开创者

多思考一点　德国哲学家尼采曾说："不能听命于自己者，就要受命于他人。"他强调的是人要保持自己的独立性、自己的个性。同样身为德国哲学家的马克思却说："人的本质是一切社会关系的总和。"身处社会之中，我们既要有个性，也要兼顾社会对人提出的共性要求，如此才能更快乐地生活。